MINISTÈRE
DE L'INSTRUCTION PUBLIQUE ET DES BEAUX-ARTS

——◦——

DIRECTION DE L'ENSEIGNEMENT PRIMAIRE

——

5ᵉ BUREAU

——◦——

INSTRUCTION DU 10 JUIN 1919

SUR

LES BOURSES D'ENSEIGNEMENT

PRIMAIRE SUPÉRIEUR

PARIS
IMPRIMERIE NATIONALE

——

MDCCCCXIX

MINISTÈRE
DE L'INSTRUCTION PUBLIQUE ET DES BEAUX-ARTS

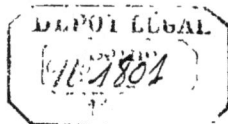

DIRECTION DE L'ENSEIGNEMENT PRIMAIRE

5ᵉ BUREAU

INSTRUCTION DU 10 JUIN 1919

SUR

LES BOURSES D'ENSEIGNEMENT

PRIMAIRE SUPÉRIEUR

PARIS
IMPRIMERIE NATIONALE

MDCCCCXIX

(C.)

MINISTÈRE

DE L'INSTRUCTION PUBLIQUE ET DES BEAUX-ARTS.

DIRECTION DE L'ENSEIGNEMENT PRIMAIRE.

5ᵉ BUREAU.

INSTRUCTION DU 10 JUIN 1919

SUR

LES BOURSES D'ENSEIGNEMENT

PRIMAIRE SUPÉRIEUR.

I. INSCRIPTION DES CANDIDATS.

1. L'État fonde et entretient des bourses nationales dans les établissements d'enseignement primaire supérieur. (D. O., art. 43.)

Nul ne peut être appelé à jouir d'une de ces bourses s'il n'est déjà titulaire d'une bourse de l'enseignement secondaire ou s'il n'a préalablement subi un examen ayant pour objet de constater son aptitude. (D., 8 juillet 1914.)

Bourses nationales.

2. En vue de cet examen, un registre d'inscription est ouvert dans les bureaux de l'Inspection académique de chaque département.

Il est clos chaque année le 31 mars. (A. O., art. 41.)

Il appartient à l'Inspecteur d'académie d'apprécier les motifs exceptionnels qui pourraient justifier une inscription après cette date.

Registre d'inscription.

2

Pièces à produire.

3. Les pièces à produire sont les suivantes (A., 5 août 1915) :

1° Une demande sur papier timbré, écrite et signée par le père ou tuteur, indiquant si le candidat concourt pour une bourse dans une école primaire supérieure ou pour une bourse dans un cours complémentaire. Cette demande devra mentionner également l'indication du domicile légal du signataire;

2° L'acte de naissance de l'enfant ou un bulletin authentique de naissance, sur papier libre;

3° Un certificat de vaccine et un certificat de revaccination;

4° Un certificat de bonne conduite, signé par le chef de l'établissement où il a fait ses études;

5° Un extrait du rôle des contributions payées par les parents du candidat;

6° Un état nominatif de leurs enfants, faisant connaître l'âge, le sexe et la situation de chacun d'eux. Cet état sera certifié exact par le maire de la commune. Il indiquera, en outre, si des bourses, remises, dégrèvements ou exonérations ont déjà été accordés au candidat ou à ses frères et sœurs.

Cet état est établi conformément au modèle ci-contre, sur feuille double formant chemise. (C., 2 février 1887.)

Renouvellement.

4. La demande d'inscription n'est valable que pour l'année en cours. (C., 10 août 1888.)

En cas d'échec, les intéressés peuvent retirer les pièces qu'ils ont produites, dans les bureaux de l'Inspection académique.

S'ils renouvellent leur demande l'année suivante, les pièces produites à l'appui de la première demande sont valables et doivent être jointes à nouveau.

Lieu de l'inscription.

5. Les candidats doivent en principe et de préférence être inscrits, et par conséquent subir l'examen, dans le département où leurs parents ont leur domicile légal.

Mais rien ne s'oppose à ce qu'ils le subissent exceptionnellement dans un autre département, si les motifs invoqués à cet effet, et qu'il appartient à l'Inspecteur d'académie d'apprécier, sont de nature à justifier une dérogation.

Il en serait ainsi, par exemple, si le candidat fréquentait une école dans un autre département, ou si ses parents habitaient tempo-

RENSEIGNEMENTS concernant la demande de bourse faite en faveur d   jeune   pour { l'École, prim¹⁰ sup¹⁰ d / ou / le Cours compl¹⁰ d

NOM, QUALITÉ, PROFESSION et demeure de la personne qui a fait la demande.	NOM ET PRÉNOMS du candidat. (Indiquer s'il est orphelin.)	LIEU ET DATE de la naissance.	NOMBRE DES ENFANTS. (Prénom, âge, sexe et position de chacun.)	BOURSES, DÉGRÈVEMENTS, remises, exonérations, etc., dont ils sont déjà titulaires.	MOYENS D'EXISTENCE DE LA FAMILLE.					MONTANT DES CONTRIBUTIONS				AVIS DU MAIRE.
					Revenu professionnel.	Pension.	Revenu foncier.	Rentes.	Total.	foncière.	personnelle-mobilière.	Impôt sur le revenu.	Total.	
			1.											
			2.											
			3.											
			4.											
			5.		Je soussigné, déclare que je ne possède rien, tant en mon nom personnel que du chef de ma femme, en dehors des ressources ci-dessus indiquées. (Signature.)									

2.

rairement une localité située dans un département autre que celui de leur domicile légal.

Domicile légal.

6. L'expression «domicile légal» doit s'entendre du lieu où les parents du candidat possèdent leur principal établissement, à moins qu'ils n'aient clairement manifesté leur intention de transporter ce domicile au lieu de leur résidence.

Les réfugiés des départements dévastés seront considérés comme possédant leur domicile dans ces départements, à moins qu'ils ne déclarent expressément vouloir se fixer définitivement dans leur département de refuge.

Le lieu de la naissance de l'enfant ne sera jamais considéré comme une base pour l'attribution d'un boursier à un département plutôt qu'à un autre.

Étrangers.

7. Les bourses nationales ne peuvent être attribuées qu'aux jeunes gens de nationalité française.

Toutefois, les étrangers habitant la France peuvent être admis à concourir, à la condition que le père s'engage à leur assurer immédiatement la qualité de français en souscrivant devant le juge de paix la déclaration prévue par les articles 8, § 4 et 9, § 2 du Code civil.

Le récépissé de cette déclaration devra être communiqué au préfet avant toute concession de bourse.

Séries.

8. Les inscriptions reçues sont classées en quatre séries. (A. 16 janvier 1919) :

1° *Série spéciale.* — Candidats inscrits pour une bourse dans un cours complémentaire.

2° *Première série.* — Candidats inscrits pour une bourse en première année d'une école primaire supérieure.

Les candidats de la série des cours complémentaires et de la première série des écoles primaires supérieures doivent avoir au moins douze ans et moins de quatorze ans au 31 décembre de l'année où ils se présentent.

3° *Deuxième série.* — Candidats inscrits pour une bourse en deuxième année d'école primaire supérieure. Ils doivent avoir moins de quinze ans au 31 décembre de l'année où ils se présentent.

4° *Troisième série.* — Candidats inscrits pour une bourse en troisième année d'école primaire supérieure. Ils doivent avoir moins de seize ans au 31 décembre de l'année où ils se présentent.

9. Sur sa demande, un candidat peut subir l'examen dans une série supérieure à celle de son âge. Mais aucun ne peut être admis comme boursier dans une classe supérieure à celle pour laquelle il a concouru. (A. O., art. 45.)

10. Les candidats doivent se faire inscrire pour une bourse dans un cours complémentaire ou pour une bourse dans une école primaire supérieure, mais non pour les deux à la fois.

Les candidats qui ont plus de quatorze ans au 31 décembre de l'année de l'examen ne peuvent concourir que dans une série supérieure à la première, et par conséquent ils ne peuvent obtenir une bourse que dans une école primaire supérieure.

11. — Aucune dispense d'âge ne peut être accordée. (A. O., art. 45.)

Toutefois, une exception est faite, en 1919, en faveur des candidats originaires des départements qui ont été occupés par l'ennemi. Des dispenses, n'excédant pas une année, peuvent leur être accordées par le Recteur, sur la proposition de l'Inspecteur d'académie. (A., 12 avril 1919.)

En dehors de ces dérogations, les Inspecteurs d'académie doivent s'abstenir de transmettre des demandes de dispenses, si elles ne sont pas justifiées par des situations tout à fait exceptionnelles.

Dispenses d'âge.

II. EXAMEN DES BOURSES.

12. — La Commission d'examen des bourses est composée de cinq membres, dont trois appartiennent au personnel de l'enseignement primaire supérieur. (A., 16 janvier 1919.)

Elle siège au chef-lieu de chaque département, à la même date, qui est fixée par le Ministre, entre le 15 et le 30 mai, et annoncée au moins trois mois à l'avance. (A. O., art. 41.)

L'Inspecteur d'académie nomme les membres de la Commission et choisit les sujets des compositions. (A. O., art. 41 et 42.)

Commission d'examen.

Centres d'examen.

13. — Quand le nombre des candidats est élevé et les communications difficiles, des centres d'examen peuvent être établis au chef-lieu de chaque circonscription primaire, ou dans toute autre localité à proximité de la résidence des candidats. L'Inspecteur primaire est chargé de la surveillance de ces épreuves. Les compositions sont corrigées, dans les formes ordinaires, au chef-lieu du département, et les candidats admissibles y sont tous convoqués pour subir les épreuves orales. (C., 7 mars 1919.)

Programmes.

14. — L'examen de la première série et de la série spéciale aux cours complémentaires porte sur les matières du cours supérieur des écoles primaires, et comprend les épreuves suivantes (A., 16 janvier 1919.) :

a. *Épreuves écrites* :

1° Dictée d'orthographe d'environ quinze lignes, suivie de cinq questions au maximum, relatives à l'intelligence du texte (explication du sens d'un mot, d'une expression ou d'une phrase, analyse d'un ou plusieurs mots, etc.). Il est accordé aux candidats une demi-heure pour relire la dictée et répondre aux questions ;

2° Composition française (description, portrait, récit ou lettre d'un genre simple). Durée : deux heures ;

3° Composition d'arithmétique. Solution raisonnée de deux problèmes. Durée : une heure et demie ;

4° Écriture (la dictée sert pour cette épreuve).

b. *Épreuves orales* :

1° Lecture avec interrogations et analyse d'une phrase ;

2° Interrogations sur l'histoire de France ;

3° Interrogations sur la géographie de la France ;

4° Interrogations sur les éléments des sciences physiques ou naturelles ;

5° Exercice de calcul mental.

15. — L'examen de la deuxième série porte sur le programme de la première année des écoles primaires supérieures et comprend les épreuves suivantes (A., 16 janvier 1919.) :

a. *Épreuves écrites* :

1° Dictée d'orthographe d'environ quinze lignes, suivie de cinq questions au maximum, relatives à l'intelligence du texte. Il est accordé aux candidats une demi-heure pour relire la dictée et répondre aux questions ;

2° Composition française (description, récit ou lettre d'un genre simple, explication d'une pensée morale). Durée : deux heures;

3° Composition de mathématiques comportant : 1° pour les garçons, un problème d'arithmétique et un problème d'algèbre (ou une question de géométrie); 2° pour les filles, deux problèmes d'arithmétique. Durée : deux heures;

4° Écriture (la dictée sert pour cette épreuve).

b. *Épreuves orales et pratiques :*

1° Lecture avec interrogations et analyse d'une phrase;

2° Interrogations sur l'histoire de la France, depuis le début du xvi° siècle jusqu'en 1789;

3° Interrogations sur la géographie de la France;

4° Interrogations sur la physique, la chimie ou les sciences naturelles;

5° Exercice de dessin ou de travail manuel (de préférence une épreuve de dessin pour les garçons, de travail manuel pour les filles). Durée : deux heures.

16. — L'examen de la troisième série porte sur le programme de la deuxième année des écoles primaires supérieures, et comprend les épreuves suivantes (A., 16 janvier 1919) :

a. *Épreuves écrites :*

1° Composition française (description, récit ou lettre, explication d'une pensée morale ou développement d'une question d'instruction morale et civique). Durée : deux heures;

2° Composition de mathématiques comportant : 1° pour les garçons, un problème d'arithmétique (ou d'algèbre) et une question de géométrie (pour les candidats de la section commerciale, la question de géométrie est remplacée par un second problème d'arithmétique); 2° pour les filles, deux problèmes d'arithmétique. Durée : deux heures;

3° Composition portant, suivant les sections, sur les applications des sciences physiques, chimiques et naturelles, soit à l'agriculture, soit à l'industrie, au commerce, à l'art nautique, à la vie ménagère, etc. Durée : deux heures;

4° Orthographe (la composition française sert pour cette épreuve;

5° Écriture (la composition française sert pour cette épreuve).

b. *Épreuves orales et pratiques.*

1° Lecture expliquée d'un texte français;

2° Interrogations sur l'histoire de la France depuis 1789;

3.

3° Interrogations sur la géographie de l'Europe (moins la France);

4° Exercice de dessin ou de travail manuel (pour les sections agricoles, industrielles, ménagères). Conversation en langue étrangère (pour les sections d'enseignement général et d'enseignement commercial).

Série spéciale aux C. C. — **17.** Les candidats pour les cours complémentaires et les candidats pour la première année des écoles primaires supérieures peuvent concourir ensemble ou séparément.

Les sujets peuvent être différents.

Notation des épreuves. — **18.** Toutes les épreuves, soit orales, soit écrites, sont appréciées de o à 20.

Toute épreuve nulle entraîne l'ajournement du candidat. Lorsque l'épreuve d'orthographe comporte une dictée et des questions, dix points sont attribués à la dictée et dix points aux questions; la note zéro en dictée entraîne l'ajournement du candidat, quelle que soit la note qu'il a obtenue pour les questions.

Admissibilité. — Les candidats ne sont admissibles aux épreuves orales que s'ils obtiennent la moyenne des points pour les épreuves écrites.

Admission. — Ils ne sont déclarés admis que s'ils obtiennent la moyenne des points pour les épreuves orales.

Aucune tolérance ne doit être apportée dans l'application des règles ci-dessus.

19. L'admission n'est valable que pour l'année de l'examen.

Elle ne constitue pas un droit à une bourse, mais seulement l'un des éléments d'appréciation nécessaires pour la concession de cette faveur.

Si les crédits disponibles n'ont pas permis d'accorder une bourse à un candidat ayant le 31 décembre de l'année où il a été admis à l'examen, ce candidat perd le bénéfice de son admission.

Procès-verbal d'examen. — **20.** Immédiatement après l'examen, l'Inspecteur d'académie adresse au Ministre une seule copie du procès-verbal d'examen, qui doit comporter quatre listes distinctes, savoir :

1° Candidats et candidates ayant concouru pour une bourse dans un cours complémentaire;

2° Candidats et candidates ayant concouru pour une bourse dans une école primaire supérieure (première année);

3° Candidats et candidates ayant concouru pour une bourse dans une école primaire supérieure (deuxième année);

4° Candidats et candidates ayant concouru pour une bourse dans une école primaire supérieure (troisième année).

Le procès-verbal d'examen doit contenir les renseignements sui-vants :

 Noms et prénoms des candidats ;
Lieu et date de naissance ;
Indication, s'il y a lieu, de la décision accordant une dispense d'âge ;
Profession et adresse des parents (indiquer le département) ;
Notes obtenues à chaque épreuve ;
Total des points, avec la mention «admis» ou «ajourné».

En outre, à la première page du procès-verbal figure le tableau ci-après :

	INSCRITS.	PRÉSENTS.	ADMIS.
Cours complémentaires.			
Candidats............................			
Candidates............................			
Totaux pour les cours complémentaires.			
Écoles primaires supérieures.			
Candidats............................			
Candidates............................			
Totaux pour les écoles primaires supér⁰⁰⁰.			

21. Si l'examen des procès-verbaux permettait de constater une infraction aux règlements, le Ministre prononcerait l'annulation de la décision prise par la Commission d'examen.

Annulation.

III. RÉPARTITION DES CRÉDITS.

22. La répartition des crédits des bourses d'enseignement primaire est faite :

Diverses répartitions.

1° Par le Parlement entre les écoles primaires supérieures et les cours complémentaires ;
2° Par le Ministre entre les départements ;
3° Par le Préfet entre les établissements de son département ;
4° Par le Préfet, sous l'autorité du Ministre, entre les candidats.

4

État des crédits engagés.

23. Chaque année, dans la deuxième quinzaine du mois de juillet, l'Inspecteur d'académie établit :

1° Deux listes (une pour les écoles primaires supérieures, l'autre pour les cours complémentaires) des boursiers et boursières qui continueront à fréquenter ces établissements pendant la prochaine année scolaire.

NOMS ET PRÉNOMS.	DATE de LA NOMINATION.	NATURE et QUOTITÉ de la bourse.	MONTANT DE LA BOURSE ou fraction de bourse.	ÉTABLISSEMENTS où sont placés LES BOURSIERS.
TOTAL des fonds engagés.......				

État des crédits disponibles.

2° Deux autres listes (une pour chaque catégorie d'établissements) des boursiers et boursières qui cesseront de fréquenter ces établissements à la fin de l'année scolaire en cours :

NOMS ET PRÉNOMS.	DATE de LA NOMINATION.	NATURE et QUOTITÉ de la bourse.	MONTANT de LA BOURSE ou fraction de bourse.	ÉTABLISSEMENT où L'ÉLÈVE était placé.	MOTIFS DE LA VACANCE de bourse.
TOTAL des fonds disponibles					

Ces quatre listes sont transmises au Préfet, qui les certifie exactes et les envoie au Ministre avant la fin du mois de juillet.

24. La répartition des crédits entre les départements est faite chaque année, au début du mois d'août, par le Ministre, en tenant compte : 1° du chiffre de leur population ; 2° de l'effectif des écoles primaires supérieures (ou cours complémentaires) qui s'y trouvent. (D., 14 janv. 1919.)

Répartition par départements.

Il y est procédé de la manière suivante :

1° Le quotient obtenu en divisant la moitié du crédit par la population française totale (moins Paris) d'après le dernier recensement quinquennal, est successivement multiplié par le nombre d'habitants français de chaque département ;

2° Le quotient obtenu en divisant l'autre moitié du crédit par le nombre des élèves des écoles primaires supérieures (moins celles de Paris), d'après la statistique annuelle, est successivement multiplié par le nombre des élèves des écoles primaires supérieures de chaque département ;

3° L'addition de ces deux produits donne le crédit à affecter à chaque département pour les bourses d'écoles primaires supérieures.

Il est procédé de la même façon pour la répartition du crédit des cours complémentaires.

25. La répartition du contingent des boursiers ainsi attribué à chaque département, entre les différents établissements d'enseignement primaire supérieur qui s'y trouvent, est faite par le Préfet, sur l'avis du Conseil départemental et la proposition de l'Inspecteur d'académie. (A., 16. janvier 1919.)

Répartition entre les établissements.

26. Le rôle du Conseil départemental est double :

Rôle du Conseil départemental.

1° Il dresse les listes de présentation des candidats (art. 50 de l'arrêté organique. — Voir *infra* n° 32.) ;

2° Il donne son avis sur la répartition du contingent des boursiers entre les établissements d'enseignement primaire supérieur de son département. (art. 53.)

En général, la quotité des fonds disponibles n'est pas connue au moment où le Conseil dresse les listes de présentation ; par suite, on ne peut, à ce moment, procéder à une répartition définitive, mais il est facile d'éviter une seconde réunion en indiquant, dès la première, la *proportion* des bourses à attribuer à chaque établissement. Le Conseil départemental aura ainsi satisfait aux prescriptions de l'article 50 et de l'article 53 de l'arrêté organique.

27. Le Préfet est tenu de s'entourer de l'avis du Conseil départemental et de la proposition de l'Inspecteur d'académie avant d'effec-

Rôle du Préfet.

4.

tuer sa répartition; mais c'est à lui qu'appartient la décision, en vertu de l'autorité que lui confère l'article 53 de l'arrêté organique.

En pratique, il devra toujours s'efforcer d'établir un accord préalable :

1° En faisant valoir ses préférences devant le Conseil départemental;

2° En demandant de nouvelles propositions à l'Inspecteur d'académie dans le cas où celles-ci ne lui paraîtraient pas entièrement satisfaisantes.

Si des divergences persistaient, la question pourrait être portée devant le Ministre.

28. Rien n'empêcherait que certaines écoles ou cours soient totalement exclus de la répartition, ou encore que tous les boursiers soient placés dans une même école ou un même cours, si des raisons sérieuses motivaient de semblables décisions.

IV. NOMINATION DES BOURSIERS.

Mode d'attribution des bourses.

29. Les bourses nationales sont conférées, sous l'autorité du Ministre, par le Préfet, sur la proposition de l'Inspecteur d'académie et après avis du Conseil départemental. (D. O. art. 46.)

Candidats d'un autre département.

30. Aussitôt après l'examen, l'Inspecteur d'académie, après en avoir référé au Préfet, retire les dossiers des candidats dont la famille a son domicile légal dans un autre département.

Il adresse ces dossiers, accompagnés chacun d'un extrait du procès-verbal d'examen, à l'Inspecteur d'académie de ce département.

C'est au Préfet du dit département qu'il appartiendra de prendre des décisions en vue de l'attribution de bourses, sur les fonds qui lui sont alloués, et après les présentations requises.

31. Au contraire, si le Préfet du département où a eu lieu l'examen estimait qu'une bourse pourrait être accordée, sur ses propres fonds, sous réserve des présentation et proposition requises, à des candidats dont la famille aurait son domicile dans un autre département, les dossiers de ces candidats seraient conservés à cet effet.

32. Tous les dossiers des candidats reçus — exception faite pour ceux mentionnés au n° 30 — sont soumis immédiatement au Conseil départemental.

Cette assemblée dresse deux listes de présentation : l'une pour les candidats aux écoles primaires supérieures, l'autre pour les candidats aux cours complémentaires. (A., 16 janvier 1919.)

Chacune de ces listes comprend un nombre de candidats au moins double du nombre de bourses entières attribuées au département. (A., 16 janvier 1919.)

Y figurent indistinctement les garçons et les filles, et, pour les écoles primaires supérieures, les candidats des trois séries.

Listes de présentation du Conseil départemental.

33. — L'Inspecteur d'académie établit ensuite ses propositions et les transmet au Préfet, avec les dossiers de tous les candidats admis à l'examen.

Propositions de l'Inspecteur d'académie.

34. — Le Préfet prend des arrêtés de nomination de boursiers, de promotion ou de prolongation de bourses, et il les transmet au Ministre, en double exemplaire, dans la première quinzaine de septembre. (C., 10 août 1888.)

Ces arrêtés ne sont exécutoires qu'après leur approbation par le Ministre.

Les bénéficiaires doivent en être avisés avant la rentrée des classes. (A. O., art. 51.)

Nominations.

35. — Dans la première quinzaine qui suit la rentrée des classes, les directeurs et directrices envoient à l'Inspecteur d'académie :

1° La liste des boursiers présents à l'établissement;

2° La liste de ceux qui renonceraient au bénéfice de leur bourse, avec l'indication des motifs de cette renonciation.

Ils avisent de même, et sans retard, l'Inspecteur d'académie de toutes les renonciations ou vacances qui se produisent avant le 1ᵉʳ janvier.

Ces renseignements sont transmis au Préfet par l'Inspecteur d'académie, avec ses propositions pour de nouvelles nominations de candidats choisis sur les listes du Conseil départemental, ou pour des promotions en faveur de candidats proposés par le Comité de patronage.

Listes des boursiers à la rentrée des classes.

36. — Sur les disponibilités de crédits ainsi constatées, le Préfet prend de nouveaux arrêtés de nominations ou de promotions.

Ces arrêtés doivent porter une date antérieure au 1ᵉʳ janvier et parvenir au Ministre, en double expédition, avant le 10 du même

Nominations complémentaires.

mois, faute de quoi ils seraient considérés comme non avenus. (C., 26 août 1902.)

En les transmettant au Ministre, le Préfet lui fait connaître les causes des disponibilités et le nom des boursiers démissionnaires.

Autorités qui participent à l'attribution.

37. — La mission de chacune des quatre autorités qui président à l'attribution des bourses doit être nettement définie.

L'«avis» préalable du Conseil départemental, prévu par l'article 46 du décret du 18 janvier 1887, s'exprime, en fait, par l'inscription des candidats sur les listes de présentation dont il est fait mention à l'article 50 de l'arrêté du même jour.

Cette inscription est nécessaire et suffisante.

L'Inspecteur d'académie ne peut établir ses propositions que sur les listes du Conseil départemental; d'autre part, le Préfet ne peut procéder à des nominations de boursiers qui n'auraient pas été inscrits sur les listes de cette assemblée et sur les propositions de l'Inspecteur d'académie. Mais le Préfet reste dans la limite du droit qui lui est conféré en demandant à l'Inspecteur, s'il le juge utile, de nouvelles propositions de candidats empruntés à la liste établie par le Conseil départemental.

Le Conseil dans ses listes, l'Inspecteur d'académie dans ses propositions, ne sont pas tenus de fixer un ordre de classement ou de préférence.

Appréciation des titres des postulants.

38. — La concession d'une bourse est subordonnée à l'appréciation de l'ensemble des titres du postulant.

Il est tenu compte dans cette appréciation :

1° En premier lieu et avant tout, du mérite de l'enfant et de ses notes à l'examen ;

2° Des services rendus à l'État par les parents ;

3° De la situation de fortune, du nombre des enfants et des charges de famille des pétitionnaires. (D. O., art. 48.)

Promotions.

39. — Les promotions de bourses peuvent être accordées, par fractions de quarts, jusqu'à concurrence d'une bourse entière, par le Préfet, après avis du Comité de patronage de l'établissement et sur la proposition de l'Inspecteur d'académie. (A., 26 juillet 1909.)

Aucune promotion ne peut être accordée sur les disponibilités de crédit qui se produisent entre le 1ᵉʳ janvier et le 31 juillet. Ces disponibilités doivent être distribuées en dégrèvements de frais de trousseaux et remises de fournitures classiques. (A., 16 janvier 1919.) Elles peuvent aussi servir à des conversions de bourses. (N° 55.)

40. — Les arrêtés préfectoraux sont établis dans la forme ci-après (C., 26 août 1902.) :

LE PRÉFET DU DÉPARTEMENT D

Vu le décret et l'arrêté organiques du 18 janvier 1887;

Vu les décret et arrêté du 8 juillet 1914;

Vu les décret et arrêté des 14 et 16 janvier 1919;

Vu les arrêtés des 29 juillet 1888, 26 juillet 1909, 18 mars 1911, 15 juillet et 5 août 1915, 13 juillet 1916;

Vu l'instruction ministérielle du 10 juin 1919;

Vu les procès-verbaux des examens en date des   et   mai 19   ;

Vu la délibération du Conseil départemental de l'enseignement primaire en date du   ;

Vu les propositions de M. l'Inspecteur d'académie;

Vu la décision en date du   , par laquelle M. le Ministre de l'Instruction publique et des Beaux-Arts alloue au département d   un crédit de   pour le service d-s bourses nationales dans les écoles primaires supérieures, pendant l'année scolaire 19 -19 ,

ARRÊTE :

ART. 1ᵉʳ. Des bourses ou fractions de bourses nationales d'enseignement primaire supérieur sont accordées aux jeunes gens et aux jeunes filles ci-après désignés :

NOMS ET PRÉNOMS.	PROFESSION et DOMICILE des parents.	QUOTITÉ de LA BOURSE (quart, demi, trois-quarts ou entière).	NATURE de LA BOURSE (internat, familiale ou entretien).	MONTANT de LA BOURSE (ou fraction) accordée.	ÉTABLIS-SEMENT.
TOTAL..					

5.

Art. 2. Des promotions de bourses nationales sont accordées aux jeunes gens et aux jeunes filles dont les noms suivent :

NOMS ET PRÉNOMS.	NATURE DE LA BOURSE.	QUOTITÉ de LA BOURSE.	MONTANT de LA BOURSE.	QUOTITÉ de la PROMOTION.	MONTANT de la PROMOTION.	MONTANT de LA BOURSE (ou fraction) définitivement accordée.
Total......................						

Art. 3. Une prolongation de bourse ou de fraction de bourse nationale est attribuée aux jeunes gens et aux jeunes filles ci-dessous indiqués :

NOMS ET PRÉNOMS.	NATURE DE LA BOURSE.	QUOTITÉ de LA BOURSE.	MONTANT de LA BOURSE.	ÉTABLISSEMENT.
Total...................				

Fait à   , le

Le Préfet,

Vu et approuvé :

A Paris, le

Le Ministre de l'Instruction publique et des Beaux-Arts,

41. Dans les tableaux ci-dessus, les Préfets inscriront les garçons d'abord, les filles ensuite. (C., 26 août 1902.)

Chaque arrêté ne doit comporter que des bourses dans les écoles primaires supérieures ou des bourses dans les cours complémentaires.

Les arrêtés relatifs aux bourses dans les cours complémentaires sont établis sur le même modèle que ci-dessus, en remplaçant « écoles primaires supérieures » par « cours complémentaires ».

42. En règle générale, les boursiers sont placés dans le département qu'habite leur famille.

Des exceptions peuvent être faites sur la demande motivée des parents. (A., 16 janvier 1919.)

Placement des boursiers.

43. Lorsqu'un concours d'entrée est établi dans une école primaire supérieure ou un cours complémentaire, les boursiers sont dispensés de ce concours.

Dispense de concours d'entrée.

44. Aucun candidat ayant concouru pour un cours complémentaire ne peut être nommé dans une école primaire supérieure et réciproquement.

Spécialité des bourses de C. C. et d'E. P. S.

Toutefois, lorsque le nombre de candidats admis à l'examen pour les cours complémentaires est insuffisant pour permettre l'épuisement du crédit, rien ne s'oppose à ce que le supplément de crédit disponible soit alloué en bourses dans les cours complémentaires à des candidats reçus pour les écoles primaires supérieures, mais seulement aux conditions suivantes, qui sont formelles :

1° Que le crédit des écoles primaires supérieures soit épuisé;

2° Que ces candidats aient concouru en première série;

3° Que leur famille accepte, par écrit, de modifier leur demande, étant bien entendu que la bourse prendra fin quand l'élève aura parcouru le cycle des études d'un cours complémentaire et qu'elle ne pourra plus être transférée dans une école primaire supérieure que si des disponibilités suffisantes se produisent avant le 31 décembre de la même année sur le crédit affecté à ces écoles. Dans le cas contraire, les intéressés devront subir un nouvel examen pour entrer en 2° ou 3° année d'école primaire supérieure.

45. Tous les ans, dans les premiers jours de janvier, le Préfet adresse au Ministre la liste des boursiers nommés dans son département au cours de l'année précédente. (A. O., art. 64.)

Publication à l'«Officiel».

Cette liste, destinée à être publiée au *Journal officiel* dans le courant du mois de janvier, est établie dans la forme suivante :

NOMS.	PRÉNOMS.	DATE de NAISSANCE.	LIEU de NAISSANCE.	PROFESSION et RÉSIDENCE du père ou tuteur.	NOMBRE D'ENFANTS.	NATURE, QUOTITÉ et montant de la bourse concédée.	ÉTABLISSEMENT où L'ÉLÈVE a été placé.

Cette liste est dressée par ordre alphabétique de noms, sans tenir compte du sexe; elle comprend indifféremment, dans cet ordre, les boursiers dans les écoles primaires supérieures et les boursiers dans les cours complémentaires.

Liste définitive des boursiers. **46.** En même temps, le Préfet adresse au Ministre un autre tableau, sur lequel sont inscrits tous les boursiers et boursières dont l'entretien incombe à son département pendant l'année scolaire en cours.

Ce tableau est dressé par ordre chronologique de nomination, sans distinction de sexe ni d'école, et dans la forme ci-après :

NOMS ET PRÉNOMS.	DATE de la NOMINATION.	NATURE et QUOTITÉ de la bourse nationale.	MONTANT de la BOURSE nationale.	ÉTABLISSEMENT où L'ÉLÈVE est placé.	MONTANT des EXONÉRATIONS ou autres fractions de bourse (départementale, communale, etc.), dont l'élève est titulaire.
TOTAL des fonds engagés......					

47. Les bourses créées dans les établissement d'enseignement primaire supérieur de la ville de Paris et de l'Algérie sont soumises à des règles spéciales et ne sont pas visées par les prescriptions de la présente instruction. Elles sont entretenues, pour Paris, sur les fonds votés par le Conseil général de la Seine; pour l'Algérie, sur le budget spécial de l'Algérie.

En principe, les crédits attribués au département de la Seine pour être répartis en bourses nationales d'enseignement primaire supérieur, sont réservés aux candidats dont la famille habite dans les communes suburbaines.

Établissements de la ville de Paris et de l'Algérie.

V. NATURE ET QUOTITÉ DES BOURSES.

48. Les crédits mis annuellement à la disposition des départements pour l'entretien des bourses dans les établissements d enseignement primaire supérieur peuvent être répartis en :

Bourses d'internat ;
Bourses d'entretien ;
Bourses familiales ;
Dégrèvements de frais de trousseau ;
Remises de fournitures classiques.

Diverses catégories de bourses.

49. Les *bourses d'internat* sont attribuées à des élèves placés à demeure dans des établissements d'enseignement primaire supérieur pourvus d'un pensionnat. (D. O., art. 44.)

Leur montant annuel est égal au prix de pension (comprenant les frais de literie et de blanchissage) qui est demandé aux parents des élèves payants, à condition que ce prix de pension ait été accepté par le Ministre, sur la proposition du Comité de patronage (A., 13 juillet 1916), et après avis du préfet et du recteur. ,C., 22 août 1916.)

Les bourses d'internat peuvent être accordées par fractions de moitié ou de trois quarts (D. O., art. 47). Aucun texte ne prévoit de fractions de bourses d'internat inférieures à la moitié (voir n° 54.)

Bourses d'internat.

50. Sous aucun prétexte, il ne peut être demandé aux familles des boursiers d'internat un versement supplémentaire, pour frais de pension, de literie et de blanchissage.

Par application de la même règle, la famille d'un demi-boursier ne devra payer, pour complément de frais de pension, de literie et de blanchissage, qu'une somme égale à la demi-bourse ; la famille

Compléments à la charge des familles.

d'un titulaire de trois-quarts de bourse ne devra payer qu'un quart complémentaire.

Fixation du prix de pension.

51. La décision du Ministre approuvant un relèvement du prix de la pension ne pourra avoir d'effet rétroactif à l'égard des boursiers. Tout au plus pourrait-on réclamer le payement sur le nouveau taux pour le trimestre en cours.

Elle doit être appliquée en même temps à tous les boursiers d'internat de l'établissement.

Si les disponibilités du crédit des bourses ne permettent pas d'effectuer le relèvement, ce n'est qu'à partir du moment où ce relèvement sera effectif qu'il pourra être réclamé le complément aux familles des titulaires d'une fraction de bourse.

Les sommes qui auraient été indûment perçues par les chefs d'établissement seront renversées, ou reportées en déduction des sommes dues pour le prochain trimestre.

Lorsqu'un chef d'établissement déclare ne pouvoir se contenter du prix de pension fixé par décision ministérielle, il est prévenu que l'établissement ne recevra plus de boursier d'internat. Mais il devra néanmoins conserver au même taux, jusqu'à l'expiration de leur bourse, les élèves qui sont en cours d'études.

Bourses d'entretien.

52. Les *bourses d'entretien* sont attribuées à des élèves logés dans leur propre famille et fréquentant l'école primaire supérieure ou le cours complémentaire de la localité. (D. O., art. 44.) La famille doit habiter la localité même ou une localité assez voisine de l'établissement pour que l'enfant puisse venir chaque jour y suivre les cours (C., 26 août 1902.)

Elles sont de 500 francs et peuvent être attribuées par quarts, soit 125 fr., 250 fr., 375 fr. ou 500 francs. (A., 13 juillet 1916.)

Bourses familiales.

53. Les *bourses familiales* sont attribuées à des élèves placés en pension dans des familles autres que la leur et agréés par le chef de l'établissement. (D. O., art. 44.)

Elles sont de 600 francs et peuvent être fractionnées en demi-bourses ou trois quarts, soit 300 fr., 450 fr. ou 600 francs. (A. 13 juillet 1916.)

Fractionne-ment.

54. Il ne doit être accordé de fractions de bourse qu'à titre exceptionnel. La règle doit être la bourse entière.

Conversions.

55. A toute époque de l'année, sur la demande des parents, des bourses d'internat peuvent être converties en bourses familiales ou d'entretien, des bourses familiales en bourses d'internat ou d'entretien, des bourses d'entretien en bourses familiales ou d'internat.

Ces conversions sont autorisées par le Préfet, après avis de l'Inspecteur d'académie. Les arrêtés sont soumis à l'approbation du Ministre.

La conversion est opérée en tenant compte de la quotité de la bourse ou fraction de bourse, et non de son montant. Ainsi une demi-bourse ne peut être convertie qu'en demi-bourse, une bourse entière en bourse entière, quelle qu'en soit la conséquence financière.

Lorsqu'une conversion entraîne un relèvement de la dépense, elle ne peut être opérée que si les disponibilités de crédit le permettent, à moins que les parents ne consentent à payer la différence jusqu'à la fin de l'année scolaire en cours.

56. Aucun boursier de l'État ne peut bénéficier d'une allocation supérieure à une bourse entière, en cumulant les sommes qui lui sont concédées, sous forme de bourses ou d'exonérations, par l'Etat, les départements, les communes ou par des établissements ou associations sous le contrôle de l'État. — **Cumul.**

Les titulaires d'une fraction de bourse sur des crédits autres que ceux de l'État ne peuvent obtenir une fraction de bourse nationale que s'ils ont subi avec succès, dans l'année, l'examen réglementaire des bourses nationales. (C., 26 août 1902.)

Dans le cas où un boursier de l'État est titulaire d'une autre bourse ou exonération, la bourse nationale d'enseignement primaire supérieur est réduite d'office jusqu'à concurrence du total d'une bourse entière.

La famille peut être appelée à reverser la somme perçue en excédent.

57. Les *dégrèvements de frais de trousseau* peuvent être accordés aux élèves titulaires d'une bourse ou d'une fraction de bourse nationale d'internat ou familiale dont les familles justifient ne pouvoir en supporter les frais. (A. O., art. 55.) Il n'est pas accordé de dégrèvement de frais de trousseau aux élèves titulaires d'une bourse ou fraction de bourse d'entretien. — **Dégrèvements.**

Le montant ne doit pas être supérieur à 300 francs la première année et à 100 francs pour chacune des autres années (A. O., art. 55.)

Le trousseau peut être fourni à l'élève soit par sa famille, soit par le directeur ou la directrice de l'établissement. (C., 30 janvier 1886.)

58. Les *remises de fournitures classiques* peuvent être accordées chaque année aux élèves titulaires d'une bourse ou fraction de bourse nationale d'internat, familiale ou d'entretien. (A. O., art 56.) — **Remises.**

Le montant ne peut être supérieur à 25 francs. (A. O., art. 56.)

Crédits affectés aux dégrèvements et remises.

59. Les sommes attribuées chaque année aux départements doivent être réparties, le plus possible, en bourses ; les dégrèvements et remises supplémentaires sont, en principe, attribués sur les reliquats de crédits rendus disponibles par les absences justifiées des boursiers, renonciations, déchéances qui se produisent en cours d'année.

Les décisions portant attribution de dégrèvements ou de remises ne sont valables que pour une seule année scolaire.

Épuisement des crédits.

60. La totalité des bourses, dégrèvements et remises ne doit jamais excéder le montant des crédits disponibles, même d'une faible somme. Le Ministre refuserait son approbation à tout arrêté qui comporterait un dépassement de crédit.

Les disponibilités du crédit des écoles primaires supérieures ne peuvent, en aucun cas, être affectées à des bourses, dégrèvements ou remises dans les cours complémentaires et réciproquement.

VI. DURÉE DES BOURSES.

Durée : trois ans.

61. La durée des bourses d'enseignement primaire supérieur est de trois ans, quelle que soit la série dans laquelle les candidats ont concouru. (D. O. art. 48.)

Prolongation.

Une prolongation d'un an peut être accordée exceptionnellement par le Préfet, après avis du Comité de patronage de l'établissement et sur la proposition de l'Inspecteur d'académie. (A., 26 juillet 1909.)

Les arrêtés de prolongation de bourses sont soumis à l'approbation du Ministre dans la première quinzaine de septembre, comme il est dit au N° 34.

Réduction.

62. Toutefois, cette durée est interrompue :

1° Lorsque le titulaire a parcouru le cycle des études dans la catégorie d'établissements pour laquelle il a concouru ;

2° Lorsqu'il a obtenu le brevet d'études primaires supérieures, — sauf prolongation exceptionnelle si l'élève désire poursuivre ses études dans un établissement d'enseignement primaire supérieur en vue d'autres concours ou examens (A. 5 août 1915) ;

3° Lorsqu'il est transféré, avec jouissance d'une bourse, dans l'enseignement secondaire (A. 8 juillet 1914) ;

4° A la fin de l'année scolaire au cours de laquelle il accomplit sa dix-huitième année (A. 5 août 1915) ;

5° Lorsqu'il a été déchu de sa bourse, pour l'un des motifs examinés aux trois numéros ci-après. (63, 64, 65.)

63. En cas de faute grave, les chefs d'établissement peuvent rendre provisoirement un boursier à sa famille, sauf à en aviser immédiatement le Comité de patronage et l'Inspecteur d'académie, qui en réfère au Préfet. (D. O. art. 51.)

La déchéance de la bourse est prononcée par le Préfet sur la proposition de l'Inspecteur d'académie et l'avis du Comité de patronage. Le Préfet doit immédiatement aviser le Ministre de sa décision. (D. O. art. 51).

Déchéance.

64. En cas d'insubordination, de mauvaise conduite ou de paresse habituelles, l'élève peut être privé de sa bourse dans les mêmes formes que ci-dessus, après deux avertissements notifiés à la famille par le Préfet. (D. O. art. 52).

Trois fois par an, au 1ᵉʳ janvier, au 1ᵉʳ avril et à la fin de l'année scolaire, les directeurs et directrices des écoles et cours où se trouvent des boursiers de l'État adressent à l'Inspecteur d'académie des notes sur la conduite et le travail de chacun d'eux. Ces notes sont placées au dossier des boursiers et peuvent donner lieu à l'application des mesures prévues ci-dessus. (A. O. art. 59.)

65. A la fin de l'année scolaire, le chef d'établissement adresse à l'Inspecteur d'académie, pour chaque boursier qui n'est pas arrivé au terme de sa bourse, un extrait du livret de scolarité.

Tout boursier qui, pour l'ensemble de ses notes, n'atteint pas la moyenne *passable* est déchu de sa bourse. (A. 26 juillet 1909). La déchéance est prononcée dans les formes indiquées au N° 63, § 2.

66. Les bourses attribuées, après examen, à des jeunes gens qui sont déjà titulaires d'une exonération de frais d'études, par application des prescriptions des décrets des 8 décembre 1914 et 20 juillet 1915, sont également accordées pour trois années et peuvent être prolongées d'un an, quel que soit le laps de temps pendant lequel l'élève a joui de l'exonération.

La concession d'une bourse fait perdre le bénéfice de l'exonération. Toutefois, le cumul d'une fraction de bourse et d'une exonération partielle pourra être autorisé jusqu'à concurrence du montant d'une bourse entière.

Boursiers titulaires d'une exonération.

67. Tous les élèves qui sont titulaires d'une bourse de l'État dans une école primaire supérieure et qui ont suivi le cours d'études

B. E. P. S.

complet sont tenus de se présenter, à la fin de leur scolarité, à l'examen du brevet d'études primaires supérieures (D. 23 décembre 1882, art. 3), ou à tout autre au moins équivalent (concours d'admission aux écoles d'Arts et Métiers, aux écoles Normales, etc.).

VII. TRANSFÈREMENTS.

Spécialité des crédits des C. C. et des E. P. S. **68.** Les crédits affectés aux cours complémentaires et ceux affectés aux écoles primaires supérieures étant inscrits à des chapitres différents du budget, aucun transfert de crédit d'une catégorie à l'autre de ces établissements ne peut être autorisé.

D'une catégorie à l'autre. **69.** Par mesure transitoire, les boursiers nommés avant 1919 peuvent être transférés d'une école dans un cours ou réciproquement.

Dans ce cas, le crédit qui leur était affecté devient disponible, et un autre crédit est engagé sur la somme réservée à la catégorie d'établissements dans laquelle entre le boursier.

Cette opération ne peut être faite qu'à la suite de la répartition annuelle du crédit par le Ministre; et jusqu'au 31 décembre; elle ne peut l'être sur les disponibilités qui se produiraient après le 1er janvier.

70. Quant aux boursiers qui ont concouru à partir de 1919, et qui ont dû spécifier dans leur demande leur choix entre les cours complémentaires et les écoles primaires supérieures, aucun transfèrement d'une catégorie à l'autre ne peut leur être accordé.

Dans un même département. **71.** Les transfèrements d'un cours complémentaire dans un autre cours complémentaire d'un même département, ou d'une école primaire supérieure dans une autre école primaire supérieure d'un même département sont autorisés par arrêté du préfet soumis à l'approbation du Ministre, après avis du Comité de patronage et avis de l'Inspecteur d'académie.

D'un département à un autre. **72.** Les transfèrements de boursiers d'un cours complémentaire ou d'une école primaire supérieure dans un établissement de même catégorie d'un autre département sont autorisés dans les mêmes formes, mais la dépense reste imputée sur le crédit du département d'origine.

Tout boursier qui quitte l'établissement où il était placé pour fréquenter un établissement d'un autre département, sans avoir fait l'objet d'un arrêté de transfèrement, est considéré comme démissionnaire, et le crédit qui lui était affecté devient disponible.

73. Aucun boursier d'enseignement primaire supérieur des départements ne peut être transféré dans un établissement de la ville de Paris sans avoir subi l'examen spécial aux candidats à ces établissements, institué à la Préfecture de la Seine.

Dans les établissements de Paris.

74. Les boursiers nationaux d'enseignement primaire supérieur peuvent être transférés, avec jouissance d'une bourse de mérite, dans l'enseignement secondaire, s'ils sont âgés de moins de 16 ans au 1er janvier de l'année où se fait la mutation. (A. 8 juillet 1914).

Dans l'enseignement secondaire.

Aucune dispense d'âge n'est accordée.

Le crédit qui leur était affecté au titre de l'enseignement primaire supérieur devient disponible.

Ces boursiers jouissent dans l'enseignement secondaire de tous les avantages d'une bourse de cet ordre, notamment au point de vue de la durée, sans déduction du temps passé dans l'enseignement primaire supérieur.

75. Chaque année avant le 15 août, les Inspecteurs d'académie envoient au ministère (Direction de l'Enseignement primaire, 5e bureau), accompagnés de l'avis du Préfet et du Recteur, les dossiers des boursiers d'enseignement primaire supérieur qu'ils proposent de transférer dans l'enseignement secondaire.

Ils y joignent l'acte de naissance ainsi que les renseignements contenus au dossier d'examen sur la situation de la famille. Ils font connaître, pour chacun d'eux les prix qu'il a obtenus l'année précédente, ses notes de classe et ses places dans toutes les compositions (avec indication du nombre d'élèves de la division), depuis la rentrée d'octobre. (A. O. art. 62.)

S'ils ont pu voir et interroger eux-mêmes les candidats, ils joignent aux notes leur appréciation personnelle. (A. O. art. 62.)

Ces dossiers sont soumis à l'examen d'une commission centrale siégeant au ministère de l'Instruction publique.

Le nombre des bourses de mérite à accorder dans ces conditions est fixé chaque année avant le 15 août. (A. O. art. 63.)

De l'enseignement secondaire à l'enseignement primaire supérieur. **76.** Les boursiers de l'enseignement secondaire peuvent être transférés, avec jouissance d'une bourse, dans l'enseignement primaire supérieur, s'ils sont âgés de 12 ans au moins et de 15 ans au plus au 1ᵉʳ octobre de l'année où la demande de transfèrement est produite. (A. 8 juillet 1914.)

Aucune dispense d'âge n'est accordée.

Chaque demande est adressée au Ministre, par l'intermédiaire de l'Inspecteur d'académie, avant le 1ᵉʳ juin, par le chef de l'établissement où le candidat est boursier. Il y joint une note contenant son appréciation sur l'élève. (A. 16 janvier 1919.)

Ces pièces, ainsi que le dossier établi lors de la demande d'une bourse dans l'enseignement secondaire, sont transmises à l'Inspecteur d'académie du département désigné par le postulant. (A. 8 juillet 1914.)

La procédure ordinaire de l'attribution des bourses d'enseignement primaire supérieur est appliquée. (Nᵒˢ 32 et suivants.)

Suppression d'établissements. **77.** Lorsqu'une école primaire supérieure ou un cours complémentaire est supprimé, les boursiers en cours d'études sont placés dans les établissements les plus voisins de leur domicile.

Quand, par suite de ce transfèrement, ils passent d'un cours complémentaire dans une école primaire supérieure ou d'une école primaire supérieure dans un cours complémentaire; le crédit qui leur était affecté devient disponible et un autre crédit est engagé sur la somme réservée à la catégorie du nouvel établissement, comme il est dit au nᵒ 69.

Transformation d'établissements. **78.** Lorsqu'une école primaire supérieure est transformée en cours complémentaire, ou inversement, les boursiers en cours d'études peuvent, sur leur demande, soit être transférés dans un autre établissement de même catégorie, dans les conditions indiquées aux nᵒˢ 71 et 72, soit passer d'office dans le nouvel établissement. Dans ce dernier cas, le crédit qui leur était affecté devient disponible et un autre crédit est engagé sur la somme réservée à la catégorie du nouvel établissement, comme il est dit au nᵒ 69.

Montant des bourses transférées. **79.** Lorsqu'un boursier d'internat est transféré d'un établissement dans un autre, la bourse ou fraction de bourse dont il est titulaire est portée d'office au taux des bourses en vigueur dans le nouvel établissement.

Il est procédé au payement comme il est dit au dernier paragraphe du nᵒ 55.

VIII. PAYEMENT DES BOURSES.

80. Le montant des bourses entretenues par l'Etat dans les établissements d'enseignement primaire supérieur est ordonnancé par dixièmes, au nom du Préfet, à raison de trois dixièmes à la fin de chacun des deux premiers trimestres et de quatre dixièmes à la fin de l'année scolaire. (A. 13 juillet 1916.) *Ordonnancement.*

81. La somme allouée est mandatée par le Préfet, sur la production d'états de présence dressés par les chefs d'établissement et approuvés par l'Inspecteur d'académie. Ce mandatement est effectué, pour les élèves internes au nom du directeur de l'établissement, pour les boursiers familiaux et les boursiers d'entretien au nom du père ou tuteur de l'enfant. (A. 13 juillet 1916.) *Mandatement.*

Lorsqu'à la suite d'un transfèrement, un boursier passe dans un autre département au cours d'un trimestre, la somme due pour le temps de présence dans cet autre département est mandatée par le Préfet délégataire au nom de son collègue. (A. 8 juillet 1914.)

82. Le décompte des sommes dues pour le titulaire d'une bourse nationale doit être fait par journée de présence, constatée par le certificat du chef de l'établissement. *États de présence.*

Les jours de congé ou de vacances, autres que les grandes vacances, comptent comme jours de présence.

Toutefois, lorsqu'un boursier quitte l'établissement à la fin d'un trimestre, les vacances dites du jour de l'an ou de Pâques ne sont pas comptées comme présence effective.

Les jours d'absence justifiée, pour maladie de l'élève ou événements de famille, ou pour cause de licenciement des élèves, sont comptés comme jours de présence. Toutefois, si leur total, au cours d'un trimestre, atteint une durée supérieure à quinze jours, ils peuvent être décomptés.

83. Les arrêtés ayant pour objet d'attribuer des dégrèvements et remises sur les fonds de l'exercice en cours devront, comme ceux relatifs à des nominations de boursiers, être pris avant le 1er janvier de l'année suivante. (C. 26 août 1902.) *Dégrèvements et remises.*

Passé cette date, aucune dépense qui n'aurait été régulièrement engagée ne pourrait être payée sur les fonds de l'exercice antérieur. Mais, contrairement à la règle adoptée pour les concessions de bourses, des arrêtés portant dégrèvements de frais de trousseau où remises de fournitures classiques peuvent être pris durant toute l'année, à la condition de n'engager que des fonds de l'exercice en cours.

Mandatement et payement. **84.** Le montant des dégrèvements et remises est mandaté par le Préfet, sur la production d'un état détaillé des objets fournis, dressé conjointement par les parents et le directeur, et visé par le Préfet. (A, O, art. 57.)

Pour chaque trousseau ou fraction de trousseau et pour chaque remise, la dépense sera intégralement soldée en une fois, et les payements ne pourront être effectués en acompte. (C. 5 août 1887.)

IX. BOURSES DES DÉPARTEMENTS, DES COMMUNES, etc.

85. Les bourses accordées dans les établissements publics d'enseignement primaire supérieur par les départements, les communes ou diverses associations sous le contrôle de l'État, aux élèves qui ont subi avec succès l'examen des bourses nationales, sont soumises, en principe, aux mêmes règles que les bourses nationales.

X. BOURSES DES PUPILLES DE LA NATION.

Examen. **86.** Les bourses attribuées aux pupilles de la Nation, en vertu du décret du 26 mars 1919, dans les établissements d'enseignement primaire supérieure, sont soumises aux mêmes règles que les autres bourses nationales d'enseignement primaire supérieur, en ce qui concerne l'examen.

Attribution par le Ministre. **87.** Immédiatement après l'examen, les dossiers sont transmis au Ministre de l'Instruction publique, qui accorde les bourses après une enquête de l'Office départemental des pupilles de la Nation, établissant l'insuffisance des ressources de la famille, et après avis d'une commission spéciale de classement.

88. Les bourses d'internat sont réservées aux pupilles qui se trouvent dans l'impossibilité absolue de suivre les cours en qualité d'externes ou de demi-pensionnaires. (D., 26 mars 1919, art. 9.)

Les boursiers sont placés dans l'établissement le plus voisin de la résidence de la famille. (D., 26 mars 1919, art. 10.)

Tout changement d'établissement d'un boursier sans l'autorisation préalable du Ministre de l'Instruction publique entraîne de plein droit la déchéance de la bourse (D., 26 mars 1919, art. 10.)

Placement des boursiers.

89. Des dégrèvements de frais de trousseau et des remises de fournitures classiques peuvent en outre être accordés par le Ministre sur la proposition de l'Inspecteur d'académie. (D., 26 mars 1919, art. 27.)

Dégrèvements et remises.

90. Il est rendu compte par le chef d'établissement à l'Office départemental des pupilles de la Nation de la conduite, du travail et du classement des pupilles. (D., 26 mars 1919, art. 11.)

Les chefs d'établissement peuvent, en cas de faute grave, rendre provisoirement le boursier à sa famille, sauf à en aviser immédiatement l'Inspecteur d'académie, qui en réfère au Ministre. (D., 26 mars 1919, art. 28.)

La déchéance de la bourse est prononcée par le Ministre, sur la proposition de l'Inspecteur d'académie. (D., 26 mars 1919, art. 28.)

En cas d'insubordination, de mauvaise conduite ou de paresse habituelles, l'élève peut être privé de sa bourse après deux avertissements notifiés à la famille et à l'Office départemental par l'Inspecteur d'académie. (D., 26 mars 1919, art. 28.)

Déchéance

91. Les pupilles boursiers de l'enseignement primaire supérieur peuvent être transférés dans l'enseignement secondaire, et réciproquement, dans les conditions fixées aux n°ˢ 73 et 75, avec cette différence que les transfèrements sont prononcés par le Ministre.

Transfèrements.

92. Les boursiers pupilles de la Nation ne doivent pas figurer sur les états, procès-verbaux, listes, arrêtés, etc., à fournir au Ministre au sujet des boursiers d'enseignement primaire supérieur nommés par les Préfets.

Production d'états spéciaux pour les pupilles.

XI. BOURSES DANS LES ÉTABLISSEMENTS PRIVÉS.

Éta-
blissements
privés
autorisés
à recevoir
des
boursiers.

93. Les établissements privés d'enseignement primaire supérieur désignés par le Ministre peuvent recevoir des boursiers nationaux aux mêmes conditions que les établissements publics, sous la réserve qu'ils remplissent, au point de vue du personnel, de l'installation matérielle et des études, toutes les conditions exigées des établissements publics. (D. O., art. 169.)

Inspection.

94. Ces établissements recevant des boursiers de l'État sont soumis à l'inspection. (D., O., art. 169.)

Retrait
d'autorisa-
tion.

95. Chaque fois que les Inspecteurs d'Académie auront pu constater que des établissements privés antérieurement autorisés ne remplissent plus les conditions ci-dessus, ils devront en informer le Ministre et provoquer la révocation de ces autorisations.

B. E. P. S.

96. Tout établissement primaire supérieur privé qui demande à recevoir des boursiers de l'État doit, non seulement remplir les conditions rappelées ci-dessus, mais encore s'engager à présenter ces boursiers, avant leur sortie, à l'examen du brevet d'études supérieures. (D., 23 décembre 1882, art. 3.)

Un autre examen équivalent ou d'un degré supérieur peut être considéré comme en tenant lieu.

Les élèves sont libres de choisir le département qui leur convient pour subir ces épreuves. Le directeur ou la directrice de l'établissement doit s'assurer qu'ils se sont réellement fait inscrire.

Paris, le 10 juin 1919.

Le Ministre de l'Instruction publique
et des Beaux-Arts,

L. LAFFERRE.

TABLE DES MATIÈRES.